KB140456

휘어진 낮달과 낫과 푸른 산등성이

권달웅 시집

시인동네 시인선 143

권달웅 시집

휘어진 낮달과 낫과 푸른 산등성이

시인동네

하얀 눈밭에 통째로 떨어진 동백꽃처럼
나의 내면과 사물의 풍경이 등가적으로 유추된
청명하고 간결한 시를 쓰고 싶다.

2021년 1월
권달웅

차례

제2부

제3부

제4부

제1부

함박눈

목재소에서 와아 쏟아져 나오는
나무 냄새처럼
굵고 탐스러운 눈이
하늘 가득 내린다

꽃봉오리 같은 아이들이
두 손으로 공손히 눈을 받아들고
청아한 목소리로 외치는
순은의 아침,

생일날 일껏 수북이 담은
하얀 쌀밥처럼,
이제 막 태어난 아가가 내지르는
첫울음소리 안아 든
엄마의 웃음처럼,

설레는 새해 꿈처럼,

너 없으면

그제는 산골에 들어가
외딴집 낙숫물 소리에 이끌려
너에게 편지 썼는데
그 빗소리 그치고 나면
휘휘해서 어쩌지

어제는 대숲 그늘에서
대숲을 흔드는 바람 소리를 따라
너에게 편지 썼는데
그 바람 소리 그치고 나면
그리워서 어쩌지

오늘은 달빛 아래서
달빛에 반짝이는 귀뚜라미 소리에 이끌려
너에게 편지 쓰는데
그 귀뚜라미 소리 그치고 나면
적막해서 어쩌지

>

이제 아득히 눈이 내리고
모든 것들이 혼적도 없이 묻히는데
아무리 너를 불러도
아무 소리도 들리지 않으면
사무쳐서 어쩌지

청보리의 힘

　청보리밭을 흔들고 가는 바람을 보았다. 아무도 만나지 아니한 푸른 바람을 만났다. 고창군 공음면 예전리 보리 잎과 보리 잎이 부딪치는 소리가 파도 소리처럼 일어났다. 끝없는 벌판이 바다처럼 출렁거렸다. 내 몸이 파도의 푸른 힘을 따라가고 있었다. 내 정신이 길들여진 일상에서 깨어나 굽이치는 파도에 부딪치고 있었다. 짓밟히면 짓밟힐수록 더욱 시퍼렇게 살아나는 오월의 푸른 힘이 멀리까지 닿아 있었다. 초록빛 물결이 출렁거리는 청보리밭에는 종달새가 높이높이 날아올랐다.

상사화처럼

영광군 불갑면 불갑사 들어가는 길에
상사화가 불꽃처럼 피었다

어릴 적부터 손잡고 절에 다닌 것이
잘못이었다고 탄식하며
지난해 겨울 아들이 출가한 그날부터
앓아누우신 어머니 가슴
온통 피멍 들도록
돌로 짓찧어놓고

얼음같이 매정하게 집 떠난 불이 스님 마음
상사화처럼 붉게 타올랐다

누에의 꿈

토란잎 머리에 쓰고
아이가 뛰어간 동쪽 하늘에는
일곱 빛깔 영롱한
무지개가 섰다

소나기 몇 줄기 퍼부은
깊은 산골 마을
고요한 산방에는
누에가 뽕잎 먹는 소리
쏴아아 소나기 같다

네 번 허물을 벗고
터질 듯 투명해진 누에는
청산을 불러들이듯
머리를 바짝 쳐든다

이제 막 막잠을 끝내고
섶에 오른 누에는

입으로 고운 실을 뽑아내어
자신이 들어가 살
작은 비단 집을 짓는다

휘어진 낮달과 낫과 푸른 산등성이

아득히 먼 산등성이에
낮달이 걸렸다

벗어놓은 지게에
낫이 꽂혔다

희미한 낮달도 닳은 낫도
등이 휘어졌다

푸른 산등성이도 아버지도
등이 휘어졌다

낫은 창백하고
낮달은 애달프다

아버지는 고달프고
산등성이는 가파르다

\>

모두 등이 휘어지도록
무거운 짐을 졌다

가도 가도 멀고 험준한
생의 비탈길

해질녘

일부러 돌아오는 해질녘 듣는
새소리 같은 것
풀벌레 소리 같은 것

어느새 붉어진 단풍들이
미안하다, 미안하다,
사과하는 편지처럼
노을빛에 흩날린다

하루하루 짧아진 해가
아득히 먼 길을 재촉하는
풀벌레 울음을 안아 들고
서쪽으로 사라진다

적막하다, 적막하다,
새들은 울면서 서쪽으로 날아가고
어두워오는 하늘을 향해
홀로 외치는,

>

일부러 돌아오는 해질녘 듣는
물소리 같은 것
바람 소리 같은 것

기울어져 가는 석양빛이
얼마 남지 않은 시간을 짚어가는
내 발걸음을 앞서간다

향학

아버지가 나에게 등록금을 줄 때는 방바닥에 내팽개쳤다. 밤낮 없이 억척스럽게 일해서 산 논밭을 내가 다 팔아먹었기 때문이다. 늦서리 하얗게 내린 밭고랑에 흩어진 배춧잎 같은 돈을 줍는 어머니는 가슴을 쳤다. 나는 배움에 뜻을 두어 그 길로 나아가려는 마음을 진작부터 그만두지 못한 것이 괴로웠다. 도망치듯 서울 가는 기차를 타고 치악산 긴 똬리굴을 빠져나갈 때면 캄캄한 막장에서 새까맣게 석탄가루를 뒤집어쓰고 눈만 하얗게 드러낸 아버지가 나를 붙들고 놓아주지 않았다.

웃음소리

여학교 담장 너머로 드러난 감이
여드름 많은 남학생처럼
볼이 빨개지네

단풍 한 잎 받아들고도
까르르르 까르르르
자지러지게 웃는다

따스한 가을 햇살에
무더기로 떨어지는 감잎 같은
피아노 소리가
여학교 담장을 넘어오네

붕어빵

마곡사 가는 공주터미널

겨울 대합실 붕어빵집

성에 낀 유리창문에

이렇게 쓰여 있네

인상유우

붕어빵 3개 1ㅇㅇ원

어묵 1개 1500원

와플 1개 2000원

원재료 인상으로 부득이

12월 1일부로 인상유우

세모 물가를 따라

부득이 올린 붕어빵 값이

너무 미안한지

일그러진 주전자가 내뿜는 긴 한숨처럼

간절하게 호소하네

안동포

올이 촘촘하고 고운 안동포를 짜기 위해서는 일일이 손이
가야 하는 복잡한 과정과 정성이 필요하다. 먼저 삼밭에서 베
어낸 긴 삼대를 삼굿해서 쪄낸다. 쪄낸 삼대를 하나하나씩 껍
질을 벗겨내고 햇빛에 말린 뒤에 물에 적셔 삼톱으로 다시 훑
어낸다. 그것을 노랗게 고운색이 나오도록 햇빛에 바래인 뒤
에 다시 물에 적셔 손톱으로 가느다랗게 쪼갠다. 가느다란 올
을 삼뚝가지에 걸어놓고 한 오라기씩 침을 묻혀 무릎이 닳도
록 비벼 한 가닥으로 길게 잇는다. 먹는 것인 줄 알고 아장아
장 걸어오는 아기가 '마딧더, 마딧더,' 하고 입을 오물거린다.
베틀에 올을 걸어놓고 이골이 나도록 한 오라기씩 씨줄이 든
북을 넣고 짤각짤각 안동포를 짜는 어머니의 바디 소리 달밤
을 건너간다.

토닥토닥

배냇짓하는 아기를 쓰다듬는
엄마의 손길처럼,

산골짜기에 빨갛게 익어가는
마가목 열매처럼,

자욱한 미세먼지 걷어가는
숲속 바람처럼,

오랜 가뭄에 시든 풀잎들을
일으키는 빗방울처럼,

어제 잘못한 일도 싸운 것도
다 없었던 것처럼,

먼 산을 남겨두고

어스름이 내려앉는 먼 산 뒤로
사라지는 노을을 따라
새가 날아간다

아무리 잡으려 해도 안 되고
먼 산을 남겨두고
그저 바라보아야만 한다

어제와 같은 오늘이
어두운 산 그림자처럼 다가와
내 등을 덮는다

아득한 산등성이 너머에서
밀려오는 내일이
깜장 깃발처럼 나부낀다

새가 날아간 서녘 하늘이
노을빛으로 불타오르다가

이내 사라져버린다

아무리 잡으려 해도 안 되고
먼 산을 남겨두고
그저 바라보아야만 한다

개구리 떼 울음소리

어둑어둑해지는 초저녁이면
산골 써레질한 논에
개구리들이 와글거린다

그쳤다 다시 시작하는 비처럼
잠방거리는 논물이
떼 울음소리에 떠내려간다

찰랑대는 달빛이
바람에 퍼져나가는 물결처럼
논물에 반짝인다

진흙 논을 평평하게 고른
황소 발자국을 따라
논물에 고인 농부의 한숨이
달빛에 일렁인다

한 마리가 울면

따라 우는 개구리 울음소리가
줄줄이 달려 나오는 감자알같이
연줄로 와글거리다가
일시에 뚝 그친다

달빛이 머무는 자리

달빛이 머무는 자리에
배꽃이 피었다.
봉화 재산 깊은 산골 상리마을은
온통 배꽃 천지이다.

지나가는 산들바람에
배꽃이 달빛처럼 하늘거린다.
소란과 번잡함을 피해
고요가 깃들었다.

아무것도 때 묻지 않은
순수가 스며들었다.
자연 그대로 자란 품성이
향기를 품었다.

신선한 산소 같은
청정 산골 공기를 머금은
다섯 장 꽃잎마다

영롱한 이슬이 반짝인다.

달빛이 머무는 자리에
알을 낳으려는
비비새가 한 마리,
하얀 배꽃 속으로 날아든다.

반성

약속한 것이 없는데 누구를 기다리겠는가
나는 아무에게도 기쁨을 주지 못했다

준 것이 없는데 무엇을 받으려 하겠는가
나는 아무에게도 위안을 주지 못했다

베푼 것이 없는데 무엇을 기대하겠는가
나는 아무에게도 도움을 주지 못했다

해놓은 것이 없는데 무엇을 돌아보겠는가
나는 자신에게도 희망을 주지 못했다

아무것도 줄 것이 없는 내가 무엇을 바라겠는가
바랄 것이 없는 만큼 마음에 거리낌이 없다

제2부

배웅

내가 고향을 떠나올 때면 노을은 항상 허전한 눈빛으로 나를 배웅했다. 내 등 뒤에는 저물어가는 산 그림자가 걸려 있었다. 내가 집을 떠나올 때면 어머니는 어두워지는 뒷산 굴참나무 그림자처럼 우두커니 서서 내가 보이지 않을 때까지 배웅했다. 어머니가 홀연히 세상을 떠난 뒤에는 아버지 혼자 마당가 잎 진 감나무처럼 남아 나를 배웅했다. 아버지가 세상을 떠난 뒤엔 아무도 없는 빈집에 몰려가는 바람 소리가 또 나를 배웅했다.

바람의 귀

바람은 귀가 크다

마이산 두 봉우리처럼
사계를 바람 소리로 안다

꽃 피고 비 내리고
단풍 들고 눈발 흩날리는
계절의 순환을
바람 소리로 다 듣는다

바람은 귀가 밝다

보이지 않는 풍경
천 리 밖 세상까지 내다보는
바람의 귀,

까치집에 불 켜고

느티나무 아득한 꼭대기에
까치집이 걸려 있다

기울어져 가는 폐가에
불이 켜져 있다

살아있는 아름드리나무에 붙은
말라죽은 가지처럼

다 자란 새끼들을 모두
객지로 떠나가고

바람 소리만 가득한 허공에
폐가 한 채 떠 있다

까치집에 불 켜고 기다리는
어머니 기침 소리처럼,

무명저고리 매듭단추

지금은 보기 드물지만
옛 시절 여학생들은
검정치마에 하얀 무명저고리를 입고
학교에 다녔다

이젠 원불교 정녀에게서나
겨우 볼 수 있지만
그 깨끗한 옷차림은
아주 사라졌다

어머니가 바느질로 지어준
새 옷을 입고
아침에 등교하는 어린 누이는
달빛 받은 박꽃이었다

오랜 날 강물에 씻긴
까슬까슬한 조약돌처럼
무명저고리 앞섶에

단단하게 정성들여 단

아주 하잘 것 없이 작아도
소중한 매듭단추는
몸과 마음을 단정히 품어주는
백장미 꽃망울이었다

사무치는 이유

풍광이 아름다운 것은
강이 흐르기 때문이다

백합이 향기로운 것은
꽃잎이 깨끗하기 때문이다

새가 지저귀는 것은
숲이 울창하기 때문이다

호수가 깊은 것은
소란함이 가라앉았기 때문이다

보름달이 환한 것은
멀리까지 비치기 때문이다

허공이 보이는 것은
그리움이 깊어졌기 때문이다

복사꽃 흩날린다

복사꽃 흩날린다. 복사꽃 지면 모든 것들은 떠나간 그 자리에서 지난날을 돌아보겠지. 한순간에 피었다가 한순간에 지는 복사꽃처럼 한 생은 눈 깜박할 사이에 지나가 버린다. 이제 곧 복사꽃 피던 언덕에 비가 내리고 단풍이 들고 다시 눈이 하얗게 덮일 것이다. 아무도 붙잡지 못하는 봄날은 무심하게 간다. 복사꽃 흩날린다. 이제 꽃잎 진 그 자리에는 회한만 남고, 아무리 그리워해도 가슴을 후비는 바람 소리뿐일 것이다.

그날의 빗소리

기울어져 가는 양철지붕에서
너와 같이 피하던
그날의 빗소리 들리지

넌 멀리 떠났지만
난 아직도 그 양철지붕을
후드득 두드리는
빗소리를 듣고 있어

네가 없는 텅 빈 자리를
가득 채우는
빗소리는 세상을 적시고

흘러내린 눈물처럼
비에 젖어 늘어진 큰 오동잎이
내 가슴에 떨어지고 있어

기울어져 가는 양철지붕에서

너와 같이 피하던
그날의 빗소리 들리지

넌 멀리 떠났지만
난 아직도 그 양철지붕을
후드득 두드리는
빗소리를 듣고 있어

은파

날아다니는 실잠자리가 잠방잠방
꽁무니를 적시네
잔잔한 호수가 아른거리네

높은 산봉우리 그림자가
물속에 일렁이네
달빛에 비친 은백색 물결처럼
닿지 못한 꿈이
그려진 물속처럼,

꽁무니에 닿은 한 점이
둥글게 퍼져나가는 물결이 되어
우주의 구석까지
여울져 가네

눈밭에 떨어진 동백꽃

생생하게 피어 있던 동백꽃이
어느새 송이 그대로
눈밭에 떨어져 있다

겨울 해는 짧아지고
동백꽃에 앉았던 동박새가
꽃을 흔들어놓고
다른 자리로 날아간다

뜨겁게 타오르다가
한순간에 푸시시 꺼지는
숯불 같은 동백꽃

눈밭에 통째로 떨어져
선홍빛으로 남아 있다

모자

쓰고 다니던 모자를
의자에 두고 왔다
앉았던 자리를 찾아갔지만
불이 꺼지고
이미 문이 닫혀 있었다

거리를 두고 앉아 있어도
날아다니는 침방울을 걱정하는
불안한 눈이
검정 마스크를 쓰고
낯설게 마주 보고 있었다

아무도 읽지 않는 시집이
의자에 놓여 있었다
본래 있던 자리로 돌아가고 싶은
시인의 모자처럼

시인이 쓰고 다니던 모자 속으로 기어든

귀뚜라미가 울고 있었다

코끼리 귀 같은 알로카시아 잎이

잃어버린 시간을 찾아

일렁거리고 있었다

카피바라

머리는 크고 코는 뭉툭하다. 귀는 작고 꼬리는 없다. 주둥이 털이 길다. 비버도 뉴트리아도 수달도 아니면서 조금씩 닮았다. 오리가 아니면서 발에 물갈퀴가 달렸다. 자기만의 두드러진 특성이 없고 주위의 것들에 길들여져 있다. 악어가 우글거리는 늪에서 무리 지어 풀을 뜯어먹고 산다. 재규어와 퓨마에 쫓기다가 카이만과 아나콘다에게 먹히는 먹이사슬 최하위의 가련한 동물이다. 성격이 유순해서 주위에 있는 원숭이 하마 거북 새 등과도 잘 어울린다. 배부른 포식자가 더 이상 먹이를 쫓지 않고 늘어져 잠자는 때를 빤히 알고 있는지 때로는 아무 두려움 없이 악어 앞에 엎드려 잠을 자기도 한다.

슬픈 졸업식

하철아, 너를 찾아간 집은 재건축아파트 뒤 펄럭거리는 비닐하우스였어. 열흘 만에 등교한 너를 데리고 점심시간에 학교 건물 옥상에 올라갔지. 걷어 올린 너의 왜소한 종아리에 의붓아비에게 맞은 퍼런 멍 자국을 보고 내가 어루만져줄 때 흐느껴 우는 너를 껴안고 나도 울었지. 하철아, 그날 내리던 눈이 내린다. 중3 마지막 학기 등록금을 내가 내준 것을 안 너는 졸업식에 참석하지 않았어. 다음날 너에게 졸업장을 주려고 찾아갔으나 비닐하우스는 이미 헐리고 없었어. 내가 다른 학교로 옮겨가면서 나중에라도 졸업장을 찾아가라고 행정실에 맡겨두었는데 몇 년 후에 가보니 없어졌더구나. 하철아, 슬픈 그날처럼 눈이 내린다. 지금 어디서 뭘 하고 있니.

삽

흙을 파려고 삽을 밟으면

삽, 소리가 난다

삽, 하고 이름을 불러보면

입술을 꼭 다문다

어느덧 붉어진 서녘 노을이

삽, 속에 들어가 있다

온몸이 닳도록 일하면서도

고달픈 노동을 보상받지 못한다

고생했다고 수없이 말을 해도

입을 다물어버린다

모든 살아있는 것들이

아무 소용없이 흙속에 묻히듯이,

입춘 이후

언 땅속에서 얼레지가 피어난다. 낮이 점점 짧아진다. 밤이 밀어내는 짧은 해를 나는 미리부터 알지 못했다. 내일도 겨울 해는 남루한 그림자를 끌고 갈 것이다. 눈은 아직도 유령처럼 희끗희끗 남아 있는데 누가 땅속에서 보이지 않는 횃불을 들고 지나간다. 황량한 벌판이 내 등 뒤에서 이루지 못한 꿈처럼 멀리서 손짓한다. 겨우 살아 돌아왔다고 외치는 사람들의 소리가 얼레지처럼 솟아나고 눈을 덮어쓴 높은 산정에서 해가 다시 떠오른다.

하루살이

하루 벌어
하루 먹는

일생 동안 힘겹게
노동으로 지탱해온 하루하루가
백년처럼 길다

하루를 백년처럼
사는 하루살이는

죽음인 줄 모르고
뜨거운 불빛 속으로 날아든다

절망이
희망인 줄 알고,

즐거운 추억

북악산에서 내려와 정릉 봉화묵집에 들렀다. 낡은 자개장롱 문짝에 묵을 먹고 간 사람들 이름이 닥지닥지 붙어 있었다. 하루가 늦가을 단풍잎 속으로 지고 있었다. 사범학교 동기인 네 사람은 교복을 입고 모자를 삐딱이 쓰고 다니던 그 시절로 돌아가 얼마나 즐거운 하루를 보냈을까.

제3부

초월에 가서

비릿한 풀꽃 향기가
낮달보다 먼저 마중 나와
기다리고 있었어

산골 요양원에 어머니를 남겨두고
홀로 돌아오는 길에서
만난 풀꽃처럼,

바람에 쓰러진 마타리 꽃이
숨어 우는 풀벌레를
위로해주고 있었어

메밀잠자리가 죽은 나무 끝에 앉아
날개를 말리면서
초록빛 눈을 굴리고 있었어

그믐달

얼마나 오랜 날을 기다렸기에
저렇게 야위었겠느냐

실낱같은 기다림으로
마지막 하루가 다가올 때까지

험준한 산정 너머로
노려보는 눈빛이 심상치 않다

쌓인 원한을 토해내듯
서슬 퍼런 칼을 빼 들고 소리 지르는
저 파리한 웃음

살아서 반드시 돌아올 것이다,
기다리는 서늘한 새벽

광야의 별

3·1운동 100주년 해에 이육사 연작시를 썼다. 독립투쟁 역사를 시로 표현하기에는 내 힘이 부족했다. 육사는 온몸으로 시를 썼지만 나는 다만 손으로만 시를 썼기 때문이었다. 내 몸과 정신이 큰 강줄기를 따라갈 수 없었다. 육사가 태어난 원촌 일대와 낙동강 상류를 수없이 오르내렸다. 그런 어느 날 새벽 강에 뛰어오르는 은어처럼 캄캄한 북경감옥에서 새어나오는 광야의 별을 보았다. 독방의 어둠 속에서 외치는 만세 소리가 들렸다. 정신은 아득히 멀어지고 물질만 넘치는 이 시대에 마지막 남아 있는 시가 피에 젖은 육사의 흰 옷자락을 적셨다.

유일한 기쁨

손녀가 태어나던 해에 심은
천도복숭아나무에
복숭아가 열렸다

대문 옆 담벼락에
할머니가 써놓고
들여다보는 손녀 이름은
복숭아 빛깔이었다

기다림 속에서 하루하루 지내는
할머니의 유일한 기쁨은
손녀의 볼처럼
복숭아 빛깔이 발그레해지도록
봉지를 씌우는 일이었다

할아버지는 돌아가시고
정성들여 키운 복숭아를
바구니에 따 들고 온 할머니는

아무에게도 주지 않고
오로지 손녀에게만 주었다

숲속의 새들

　내가 살았던 오지 숲에는 다른 곳에서 볼 수 없는 새들이 많았다. 소쩍새 물총새 오목눈이 종다리 휘파람새 뻐꾸기 동고비 오색딱따구리 꾀꼬리 직박구리 멧새 콩새 동박새 올빼미 딱새 굴뚝새…… 종후 효준이 명승이 영남이 도원이 수남이 덕팔이 석호 영숙이 영자 희자 영자 낭교 복순이 남순이 말여…… 불러보면 먹을 것 없는 궁핍한 산야에서 아무렇게나 자란 코흘리개들이 새소리처럼 들려올 듯도 하지만, 지금은 새들도 사람들도 모두 다 다른 곳으로 떠나가고 빽빽이 들어찬 나무들만 더 무성하게 우거졌다.

·

0번 버스

　참외 산지 성주 용암에는 0번 버스가 오간다. 외삼촌이 졸업한 가천중 3학년은 지금 은주 한 명뿐이다. 0번 버스가 간이역 시간표처럼 드문드문 지나간다. 할머니들이 0번을 기다린다. 그 옛날 못한 공부 올해 농사로 벌충하려는 듯 금싸라기참외를 재배해 삼 남매 모두 대학 시키고 시집 장가보냈다. 떠나는 시간을 모르는 할머니들 망초꽃처럼 허옇게 웃는다.

내일 또 내일

어제 바라본 해를
오늘도 볼 수 있다면
그냥 기뻐할 일이다

오늘 맞이한 해를
내일도 맞이할 수 있다면
더 기다릴 것 없이
그냥 감사할 일이다

아침에 눈을 떠서
살아 있음을 느낀다면
더 생각할 것 없이
그냥 고마워할 일이다

아무런 희망 없이
내일 또 내일이 되풀이되어도
오늘을 열심히 살았다면
그냥 흡족할 일이다

까만 열매

떨어질 때를 아는

까만 열매 속에는

햇빛 속의 어둠,

절망 속의 희망,

슬픔 속의 기쁨,

단절 속의 소통,

소외 속의 화합,

적멸 속의 신생이

가득 들어차 있네

돼지두루치기

땀을 뻘뻘 흘리면서 먹도록
청양 고춧가루에
맛있는 돼지목살을 버무려서
두루치기를 했습니다

자작자작 익어가는 소리에
시장기가 돌면
허위 속에 숨어 있는
양심이 혀를 내밀 것입니다

여의광장 비둘기들도
서초언덕 검독수리들도
정신이 번쩍 들도록
매운맛을 넣었습니다

무조건 자기 주장만 옳다는 목소리에
기름기가 빠져나가고
먹는 것이 살이 되지 않도록

통마늘을 듬뿍 넣었습니다

진보든 보수든 간에
어느 한쪽으로만 몰려 있는
목 따는 소리를 내지 않도록
청양 고춧가루에
맛있는 돼지목살을 버무려서
두루치기를 했습니다

풍등

그날 밤 기원처럼
별이 기우러질 때까지,

하나만은 꼭 이루지리라는
간절한 소망으로,

이루지 못한 지난날 꿈처럼
새벽이 밝아올 때까지,

광막한 하늘로 날아가는 새가
보이지 않을 때까지,

나는 바람 속에서 가물거리는
작은 불빛이었다

헌신

아침 햇살이 비껴들어야
풍란은 생생해진다
꽃대가 높이 솟아오르면
잎을 떨어뜨린다

돌에 뿌리를 내리고
마지막 힘을 다하여
꽃을 피워낸다

한 생명 탄생을 위해
자신을 버리고
바람에게 다 내어주는
풍란의 헌신,

잎을 떨어뜨리고
있는 기운을 다 쏟아내어
꽃을 피운 풍란이
향기가 더 짙다

내 마음의 별빛

너를 만나고파 하는
내 마음속에 들어온
은은한 별빛은
이슬처럼 반짝인다

너를 그리워하는
내 마음속에 들어온
글썽이는 별빛은
들꽃처럼 아름답다

너를 사모하는
내 마음속에 들어온
자욱한 별빛은
풀벌레 소리처럼 애잔하다

가을 순리

귀뚜라미 소리가 퍼지면

들판은 그것을 받아들인다

노을이 사라지면

어느덧 서녘엔 별이 뜬다

가랑잎이 길에 흩날리면

새는 울면서 보금자리를 찾는다

산초 열매를 익게 하는 비가

온 세상에 추적거리면

슬픔은 또 나를 끌어안는다

병산서원 자귀나무 그림자

병산서원 앞산에
초저녁달이 뜨면
선비는 종일 읽던 책을
슬며시 덮는다

멀리까지 가는 강을
만대루 기둥에 기대놓은
품 넓은 앞산은
초록빛을 껴안고
비릿한 풀냄새를 뿌린다

대대로 이어온 핏줄처럼
만개한 칠월의 자귀나무 꽃이
제사음식 장만하는
종갓집 불빛처럼 환하다

덮어둔 책장처럼
펼쳐 들었던 잎을 다시 오므린

병산서원 자귀나무 그림자
가슴에 분홍빛 코사지를 달고
달빛에 수런거린다

춘정

산맥을 넘어온 바람이
눈 녹은 산동 골짜기에
노란 산수유 꽃가루를
뿌려놓는다

산수유 가지 사이로
이름 모르는 산새가
둥지를 지으려고 삐삐삐
검불을 물고
이리저리 날아다닌다

그 마음을 알고
꼬리를 살랑대는 강아지가
먼저 오줌 누고 간
민들레 잎에 코를 대고
킁킁 봄 냄새를 맡는다

해맞이

가슴에 치밀어 오르는

불덩이를 죽이려고

새벽 동해바다에 갔더니

캄캄한 수평선에서

내 가슴에 있는 것보다

더 큰 불덩이가

불쑥 치솟아 올라

그 불덩이를

도로 안고 돌아왔네

아주 귀한 진주처럼

아주 귀한 진주처럼
사람을 귀중히 여기면
내가 돋보인다

말 한 마디를 해도
사람을 진심으로 대하면
내가 신임을 얻는다

사소한 일 하나에도
사람을 먼저 생각해주면
내가 대접받는다

아주 귀한 진주처럼
사람을 위하고 소중히 여기면
내가 우러러보인다

제4부

물자라의 사랑

지난날은 생각하지 마라
기다리던 정인은
이미 멀리 떠나버렸다

얼마나 격정적이었으면
깊이 다짐한 사랑을
등에 지고 다니겠는가

프로메테우스처럼
갇히면 벗어날 수 없는
천형의 짐이여,

바람이 잔잔한 연못에는
다시 수련이 필 것이다
부디 아프지 말고
잊어버려라, 사랑아

연필로 쓴 시

광막한 백지 공간에
눈이 내린다
아무도 근접 못하는
신의 영역에 접한
첫 시구처럼

적막한 자정이면
등불을 켜고
사각사각 연필을 깎는
소리가 난다
고요 속에 내려앉는
눈 소리가 난다

신의 손길 같은
크고 부드러운 손으로*
연필을 잡고
시를 보듬는 가슴에는
연필 향내가 난다

눈 내리는 밤이면
은은한 임마누엘의 성가처럼
사각사각 연필로 쓴
향긋한 산도화 향기가
가슴에 스며든다

---

*박목월 시, 「크고 부드러운 손」 인용.

방년

아침 햇살 퍼지는 봉숭아꽃에
수줍음이 스며든다

때 묻지 않은 마음에
홍조를 머금은
꽃다운 나이처럼

지금도 볼이 발그레해진다
맑은 이슬이
아직도 고스란히 남아 있다

써놓고 부치지 못한 편지에
봉숭아 꽃물이 들었다

모과

그녀의 아름다움을 몰랐네

지나가는 사람들 한두 개씩 따 가도
줄지 않고 그대로이네

잘생긴 것보다 오히려
울퉁불퉁 못난 모과 반질하게 잘 익어
향기를 내뿜네

온몸에서 쏟아져 나오는 향기가
열 마리씩 스무 마리씩
고운 새를 날리네

못난 모과 더 볼륨이 좋네

불룩 튀어나온 궁둥이가 달아올랐네
그녀의 몸에서
아름다운 악기 소리가 나네

한발(旱魃)

손바닥이 부풀도록
용두레로 물을 퍼 넣어도
아무 소용없이
비는 오지 않는다

엉그름 논바닥에 엎드린
농부의 가슴만 태우려는 듯
한 줄기만 퍼붓고
이내 그치는 비

한낮을 들끓게 하는
시끄러운 말매미 소리가
연일 내리쬐는 폭양을 따라
불볕 하늘을 외친다

벼가 타죽는 논바닥에
톡 톡 톡 한 방울씩 떨어지는
빗방울 소리,

가뭄을 붙들고 놓아주지 않는
무서운 귀신 소리 같다

치과에 가서

치과에 가서 이를 뽑았다. 의사는 지난날 내 과거를 다 들여다보려는 듯 벌레 먹은 이를 건드리면서 '아, 하세요. 아, 하세요.'를 되풀이했다. 아픈 이를 뽑고 돌아서는 내 등 뒤에서 의사가 말했다. '강한 것이 먼저 망가지지요. 부드러운 혀보다 단단한 이가 제일 먼저 망가지지요.' 노자의 말이 귀에 쏙 들어왔다.

마트료시카 목각인형

러시아에 가 마트료시카 목각인형을 샀다. 동그란 눈에 깻잎처럼 앞가르마를 한 인형 속에는 귀여운 인형들이 겹겹이 들어 있었다. 크기가 점점 줄어들고 맨 마지막에 나온 인형은 손톱만큼 아주 작았다. 연이어 나오는 똑같은 인형들은 아무리 껍질을 벗겨도 그대로인 양파 같기도 하고, 호수에 퍼져나가는 동그란 물결 같기도 하고, 엄마를 그대로 빼닮은 귀여운 딸이 낳은 아가의 볼 같기도 했다. 어제와 같이 되풀이하는 오늘, 오늘과 같이 되풀이되는 내일을 기다리는 추운 나날 같기도 했다. 러시아 마트료시카 목각인형 속에는 눈을 덮어쓰고 자란 어린 자작나무의 표정이 들어 있었다.

벌초

풀냄새가 확 풍겼다

가을을 이끄는 얇은 햇살들이

가득히 쌓였다

숨어 있던 오소리가 나를 보고

소스라쳐 달아났다

묘지 둘레 소나무 가지 사이로

솔새가 삑삑거렸다

방아깨비가 초록 정강이를 까딱이고

방아를 찧었다

고요를 외치는 풀벌레 소리가

첫서리 맞고 피어난

들국화 향기처럼

아무도 없는 산야를 덮었다

헬레나벌새처럼

가진 것 없는 너는
쉴 새 없이 날갯짓을 해야 한다
3센티미터 작은 집을 짓고
15분 내로 먹은 것을
소화해야 한다

정신없이 바쁜 너는
초당 80회 이상 날갯짓을 하고
10회 이상 긴 혀를 내밀고
날아야 한다

먹을 것 없는 너는
세상에서 가장 빨리 나는
헬레나벌새가 되어야 한다
쉴 새 없이 날갯짓을 해
공중에 정지한 채
동백꽃 꿀을 따먹어야 한다

사람 향기

대한 추위가 몰려오는 겨울 저녁이었다. 지팡이를 짚고 백합꽃 한 다발을 안은 할아버지가 마을버스에 올라탔다. 찬 바깥공기를 따라 백합꽃 향기가 버스 안에 확 퍼졌다. 책가방을 멘 여학생이 백합꽃을 얼른 받아들고 할아버지를 부축한다. 그 여학생을 보고 작업복 입은 아저씨가 웃고, 그 아저씨를 보고 콩나물봉지 든 아주머니가 웃는다. 나는 또 슬며시 그 아주머니를 보고 웃는다. 차창엔 혹한이 휘몰아치는데, 달동네 비탈길을 오르는 마을버스 안은 온통 훈훈한 사람 향기로 가득하다.

박주가리 박토

살아온 날 생각지 말고
잘 가거라
씨앗에 은빛 털을 매달고
날아가는 박주가리야

광막한 지구의 한 점
다시 태어날
정처를 찾아가는
박주가리야

갖가지 슬픔 다 끌어안고
이젠 손 내리고
잠들 자리를 찾아가거라

아무것도 해준 것이 없어
미안하다, 미안하다,
잘 가거라

\>

멀리 멀리 날아가서

박토에서라도 뿌리내리고

정 붙이고 살아라

박주가리야

흙 한 줌

흙 한 줌 움켜쥐어 보면
씨앗이 자라나고
무수한 벌레들을 키워내는
부드러운 마음을 안다

흙 속에 집을 지어놓고
떼를 지어 힘을 합친 일개미들이
자기 몸보다 큰 풀잎을
집으로 끌고 간다

손톱달같이 작은 호박씨 하나가
넝쿨손을 내밀고 밭둑을 타고 올라가
자랑하듯 큰 엉덩짝을
드러내고 있다

흙을 물고 굵어진 무가
씨름꾼 다리처럼
뜨거운 땡볕에 솟아올라

힘을 뻗치고 있다

흙 한 줌 움켜쥐어 보면
욕심 없이 땀 흘려 일한 만큼
모든 것을 내어주는
넉넉한 마음을 안다

곶감

껍질을 벗겨내 꼬챙이에 꿴 감이
시득시득하게 마를 때까지
바람은 쉴 새 없이 드나든다

햇볕에 쫀득쫀득하게 마르고
오래 지나고 나서야
겉으로 시설(柿雪)이 하얗게 나와
드는 단맛

아주 귀한 손님이 오면
정성으로 접대하려고
곶감에 고소한 호두를 곁들여
단아한 찻상에 내어놓는다

물이 이끄는 대로

소풍 나온 유치원생처럼

자잘한 생강나무 꽃이 물 위에 떠간다

골짜기가 온통 병아리 소리들이다

물에도 생강 냄새가 난다

입 안이 환해진다

마음자리부터 빛깔이 곱다

물 위에 떠가는 노란 꽃잎들이

물이 이끄는 대로

머나먼 우주여행을 한다

학동 몽돌

파도가 밀려오고 들어갈 때마다
거제 학동 해변 몽돌에는
독경 소리가 난다

돌 속에는 사나운 파도에
곤두박질치고 뒹굴어온 길이
반질반질하게 나 있다

동글동글한 몽돌 속에는
울퉁불퉁한 것이 매끄럽게
닳고 닳기까지
온갖 고난과 역경에 부딪친
태고 음향이 들어 있다

거칠고 단단한 돌에
길이 생겨나고
오묘한 무늬와 빛깔이 나고
어떻게 달이 되고

날아가는 학이 되는가

거제 학동 해변
파도에 구르는 몽돌이
독경하는 스님처럼 자르르 외는
자신의 소리를 듣는다

받아쓴 시

시가 써지지 않는 날이면
햇살이 바글거리는
과수원 복사꽃 받아쓰고

시가 써지지 않는 날이면
숲에서 자욱하게 우는
풀벌레 울음소리 받아쓰고

시가 써지지 않는 날이면
소슬한 가을바람에 지는
장독대 붉은 삼잎 받아쓰고

시가 써지지 않는 날이면
약속한 첫눈처럼 날리는
밤하늘 별똥별 받아써라

사무치는 소리의 변증들

김정배(문학평론가·원광대 교수)

1. 청명하고도 간결한 시의 장단

가까운 지인의 국악 공연을 보러 간 일이 있다. 타악과 판소리가 어우러진 공연이었다. 평소 봐오던 판이라 별 뜻 없이 자리 하나를 차지하고 있었는데, 그날은 이상하게도 무대 위 연주자들의 시선에서 소리가 읽혔다. '보이지 않는 소리'의 리듬이 보였다. 말을 더하자면, 그 소리는 타악기로 연주되는 소리의 것들이 아니었다. 억지로 무엇을 하지 않고 순수하게 연주되는, "이제 막 태어난 아가가 내지르는/첫울음소리"(「함박눈」) 같은 자연 본령의 소리였다. 연주자들은 가끔 보이지 않는 그 소리를 들으며 고개를 끄덕이기도 하고, 무릎에 놓인

가느다란 손가락을 가만가만 두들기면서, 어떤 희미한 장단에 자신의 첫소리를 맡겼다. 그 형상은 마치 보이지 않는 소리를 듣고 있는 시인의 모습과 흡사했다. 나중에 안 사실이지만, 연주자나 소리꾼은 자신이 내야 할 첫소리의 장단이 시작되기 전 이미 보이지 않는, 그리고 관객에게는 들리지 않는, 그 소리의 장단을 듣고 첫소리를 내야 한다고 한 소리꾼은 전했다. 소리와 소리 사이의 기운 자국이 보이지 않을 때까지, 주변 사물의 소리 풍경에 귀를 열어두어야 한다고 그들은 하나같이 입을 모았다. 그 소리에 온전히 집중하다 보면 때로 연주의 장단이 틀리기도 하는데, 결국은 모두 틀린 장단을 치고 있어 끝내는 모두가 하나의 소리로 연주된다고도 말했다.

공연을 보고 온 날 저녁, 권달웅 시인의 신작 시집 『휘어진 낮달과 낫과 푸른 산등성이』를 읽었다. 우연인지 몰라도, 그의 시 몇 편을 입 안에서 궁글리자, 낮에 본 국악 공연의 장단이 청명하고도 간결한 시어를 타고 되살아났다. 이번 시집에 깃든 시인의 전체적인 표상은 "아득히 먼"(「휘어진 낮달과 낫과 푸른 산등성이」, 「해질녘」) 기억의 장단과도 같아서, "길들여진 일상에서 깨어나 굽이치는"(「청보리의 힘」) 은은한 서정의 죽비가 되기도 하고, 때로는 부드러운 직유가 가득 찬 소리의 울울창창이 되기도 하였다. 그랬다. 권달웅 시인은 이 한 권의 시집을 매개로 시의 첫 장단을 치기 위해 세상의 모든 사물의 소리를 가만 듣고 있다가, 그제야 자신의 첫소리를 얹어내는

전통 서정시의 소리꾼과 같았다. 말의 현란한 속도보다 잔잔
하고도 함축적인 소리의 비움과 채움을 통해, "아무것도 때
묻지 않은", "순수가 스민", "자연 그대로 자란 품성"(「달빛이
머무는 자리」)의 내면 풍경이 담긴 곡진한 삶의 관조(觀照)를
실감 어린 장단으로 풀어내고 있었다. 그가 이번 시집을 통해
전하는 시의 장단과 소리 풍경의 깊이를 이미 경험한 독자라
면, 그가 귀로 읽어내는 내면의 소리에 휘휘하고, 그립고, 적
막하게 사무치는 소리의 변증을 통해 잠시 귀를 열어두어도
좋을 것 같다.

2. 휘휘하고, 그립고, 적막하게 사무치는 것들

한 번쯤 자연의 소리에 천착해본 사람이라면, '소리 풍경'이
라는 말을 들어보았을 것이다. 소리 풍경은 소리(Sound)와 경
관 혹은 조망을 의미하는 스케이프(Scape)의 복합어로, 시각
적인 이미지(Landscape)를 귀(소리)로 파악하는 풍경의 의미
를 담는다. 이 말에는 소리를 통해 계절의 변화와 시간의 리
듬을 느끼기도 하고, 때로 그 소리를 통해 어떤 내면의 울림
을 체감하는 인간의 모든 감각과 활동을 내포하는 개념을 담
기도 한다. 권달웅 시인은 이 소리 풍경을 통해 내면의 경험과
기억을 덧입히고자 노력하는 청자(聽子) 중 하나이다. 다양한

사물과 풍경에 깃든 그 소리에 귀를 열어두고서, 그는 전통 서정시가 지닌 순수한 심상의 세계를 조향한다. 그 과정에서 파생되는 곡진하고도 청명한 소리들을 따라가다 보면, 어느새 자연이 주재하는 무위자연(無爲自然)의 세계와 주체가 합일되는 시적 사유의 근원에 도달하게 된다.

그런 의미에서 권달웅 시인의 『휘어진 낮달과 낫과 푸른 산등성이』는 눈으로 읽는 시라기보다는 귀로 듣는 시에 가깝다. 말 그대로 자연과 사물의 '소리'를 듣고 받아 적은 시다. 조금 더 편하게 부연하자면, 그는 이번 시집 전반에 걸쳐 "나의 내면과 사물의 풍경이 등가적으로 유추된/청명하고 간결한 시"(「시인의 말」)를 옮겨 적길 희망한다. 글을 써본 사람은 누구나 아는 사실이지만, 역설적이게도 책의 서문은 가장 늦게 쓰이는 글 중 하나이다. 어느 철학자의 말을 빌려 말하면, 저술이 전부 끝난 뒤에 글의 의도를 재창조하는 것이 바로 서문이다. 뱀이 자기의 꼬리를 물고 빙빙 도는 것처럼, 글을 다 쓰고 난 이후에야 맨 마지막에 고백하는 것이 바로 '서문'인 셈이다. 권달웅 시인의 「시인의 말」을 등불 삼아 전체의 맥락을 살핀다면, 이 시집은 그가 전하는 다양한 청각 이미지를 통한 내면의 고백이자 시의 전언이라 할 수 있다.

시가 써지지 않는 날이면
햇살이 바글거리는

과수원 복사꽃 받아쓰고

시가 써지지 않는 날이면
숲에서 자욱하게 우는
풀벌레 울음소리 받아쓰고

시가 써지지 않는 날이면
소슬한 가을바람에 지는
장독대 붉은 감잎 받아쓰고

시가 써지지 않는 날이면
약속한 첫눈처럼 날리는
밤하늘 별똥별 받아써라

—「받아쓴 시」 전문

　의도한 듯 의도하지 않은 듯, 권달웅 시인은 이번 시집의 서
문 격인 「시인의 말」과 시집의 마지막 시로 수록한 「받아쓴
시」를 수미상관의 형식으로 묶고 있다. 처음과 끝의 그 시적
간극은 이번 시집의 시원(始原)이 바로 자연의 본원인 '소리
풍경'을 시로 받아 적는 것으로부터 시작됨을 말해준다. 그 소
리는 자연과 사물의 풍경 전반에 걸쳐 묻어나는데, 예를 들
면 '풀벌레 울음소리', '파도 소리', '개구리 떼 울음소리', '빗

소리', '아가의 첫울음소리', '보리 잎과 보리 잎이 부딪치는 소리', '누에가 뽕잎 먹는 소리', '새소리', '물소리', '피아노 소리', '어머니의 바디 소리', '바람 소리', '기침 소리', '만세 소리', '음식이 익는 소리', '연필 깎는 소리' 등등이다. 특히 시인의 내면을 가장 크게 대변하는 '바람'의 이미지는 자연과 사물의 소리를 더욱 내밀하게 변주하는 이 시집의 근원적인 대표 심상이 된다. 권달웅 시인은 다양한 바람의 표상을 통해 자기 삶에 내재한 은은한 그리움과 삶 전체를 환유할 수 있는 실존적 자각을 드러내기에 주저하지 않는다. 가령, "대숲을 흔드는 바람 소리"(「너 없으면」)나 해질녘 듣는 "바람 소리"(「해질녘」), "바람 소리만 가득한 허공"(「까치집에 불 켜고」)과도 같은 이미지를 통해 자신의 기억 속에 있는 순수한 '바람'의 주체를 타자(독자)의 영역으로까지 변증해 나가기도 한다. 이제 그 바람 소리는 시인이 "아무리 그리워해도 가슴을 후비는 바람 소리뿐"(「복사꽃 흩날린다」)이거나 "빈집에 몰려가는 바람 소리가 또 나를 배웅"(「배웅」)하는 내면의 쓸쓸한 기억으로 자리하면서 자신이 견뎌야 하는 삶의 페이소스로 인식하게 된다.

이처럼 권달웅 시인은 다양한 청각 이미지, 구체적으로 말해 '바람 소리'에 자주 귀를 기울임으로써, 시인으로서 포착할 수 있는 소리 풍경과 그 속에 담긴 실존적 자의식 그리고 자기 갱신의 의미를 더욱 공고히 확보해 나간다. 기본적으로 시인이 인지하는 바람은 "귀가 크며", "계절의 순환"을 다 듣는 표

지이며, 심지어 "보이지 않는 풍경/천 리 밖 세상까지 내다보는/바람의 귀"(「바람의 귀」)로 인식되는 실존적 자의식이다. 그래서일까. 시인은 세상의 모든 소리가 들리지 않거나 멀어지면, 그리움과 불안으로 더욱 사무치는 존재로 전이된다.

그제는 산골에 들어가
외딴집 낙숫물 소리에 이끌려
너에게 편지 썼는데
그 빗소리 그치고 나면
휘휘해서 어쩌지

어제는 대숲 그늘에서
대숲을 흔드는 바람 소리를 따라
너에게 편지 썼는데
그 바람 소리 그치고 나면
그리워서 어쩌지

오늘은 달빛 아래서
달빛에 반짝이는 귀뚜라미 소리에 이끌려
너에게 편지 쓰는데
그 귀뚜라미 소리 그치고 나면
적막해서 어쩌지

이제 아득히 눈이 내리고

모든 것들이 흔적도 없이 묻히는데

아무리 너를 불러도

아무 소리도 들리지 않으면

사무쳐서 어쩌지

—「너 없으면」 전문

휘휘하고, 그립고, 적막하고, 사무치는 권달웅 시인의 이 곡
진함을 우리는 어떤 감정으로 받아들여야 할까. 시인이 전하
는 이 모든 감정은 어쩌면 자연의 소리가 불러주는 우리 정신
의 근본적인 원형에 다름없다. 그 원형에는 '편지'처럼 정겹고
아득한 감정들이 스며 있어서, 시인은 "외딴집 낙숫물 소리에
이끌려/너에게 편지"를 쓰는 행위를 통해 소리 풍경에 계속
천착하게 된다. 그 편지는 때로 "사과하는 편지"(「해질녘」)이
거나, "써놓고 부치지 못한 편지"(「방년」) 혹은 자연의 소리를
옮겨 적는 시인의 사명쯤으로 읽힌다. 하지만 그 소리들을 손
수 옮겨내지 못할 때 시인은 여전히 불안한 존재가 된다. 이
모든 내면의 불안을 타계하기 위해, 시인은 편지(시)를 쓰게
만드는 힘을 오래 그리워한다. 그 힘은 다름 아닌 '빗소리'와
'바람 소리' 그리고 '귀뚜라미 소리' 같은 청각 이미지를 통해
파생된다. 그런 이유로 시인은 패잔병처럼 자신을 둘러싸는
소리의 침묵에 대한 불안까지도 껴안는다. "모든 것들이 혼

적도 없이 묻히는데/아무리 너를 불러도/아무 소리도 들리지 않으면/사무쳐서 어쩌지"라며 말이다. 이렇듯 권달웅 시인에게 휘휘하고, 그립고, 적막한 것들의 사무침은 내면의 그리움과 시작에 대한 욕망에서 비롯된 것이라 할 수 있다. 시인은 자신이 시를 이끄는 주체가 아니라, 그저 자연 본령의 다양한 소리에 귀를 기울이는 존재자로 인식하면서, 작은 생명이 내는 그 청각적인 이미지, 나아가 내면의 소리에 오래 귀를 열어두길 희망한다.

사실 권달웅 시인의 소리 풍경과 관련한 시편을 읽다 보면, '휘휘하고', '그립고', '적막하고', '사무치는' 소리의 감정이 이렇게도 단순하고도 간결한 언어로 표현될 수 있구나 하는 새삼 낯선 생각이 스민다. 근래 젊은 시인들이 구사하는, 화려하고도 난해한 시적 언술과 불확실한 관념의 정 반대편에 서서 그는 오늘도 소리 풍경의 낯선 장단을 밀고 당기며, 자신의 시를 새롭게 변증해 나간다. 마치 "한 마리가 울면/따라 우는 개구리 울음소리" 같은, "연줄로 와글거리다가/일시에 뚝 그치는"(「개구리 떼 울음소리」) 그런 시의 공명을 그는 이번 시집 전반에 녹여낸다. 그 곡진하고도 청명한 소리 풍경을 점지하다 보면, 사물의 풍경과 내면을 굳이 등가적으로 유추하지 않아도, 누구라도 그가 전하는 시의 사무침에 어느새 귀를 활짝 열게 된다.

3. 시적 관조를 통한 소리의 변증

　권달웅 시인의 시를 통독하다 보면, 그는 견자(見者)이기 이전에 청자(聽子)라는 사실을 금세 알아차린다. 주지하다시피 그는 헛것으로 가득 찬 현실 세계의 명멸에서 애써 눈을 돌리고 사물의 풍경이 전하는 다양한 소리에 귀 기울이는 존재이다. 단순하면서도 간결한 이 시집의 소리 풍경은 마치 자연과 시인이 즐기는 무위의 숨바꼭질마냥 정겹기도 하다. 그런 시선으로 시인이 자연에서 얻는 질문의 근원을 애써 헤아리다 보면, 처음에 가졌던 질문은 어느새 종적을 감추고, "빽빽이 들어찬 나무들만 더 무성하게 우거"(「숲속의 새들」)지거나 "종달새가 높이높이 날아오르는"(「청보리의 힘」) 모습으로, 그 정신이 형상화되기도 한다. 때로 "눈을 덮어 쓰고 자란 어린 자작나무의 표정"(「마트료시카 목각인형」)으로 우리 삶의 '소란'과 '번잡함'을 피해 바라보기도 한다. 점층적으로 전이해 가는 권달웅 시인의 소리 풍경의 이미지들은 이렇듯 다른 질문들을 통해 우리 삶의 새로운 깨달음의 전경을 몰고 온다. 자연의 풍광과 순수한 자기 기억의 흔적을 더듬거리면서, 그 변증된 이미지와 소리의 근원을 옮겨 적는 일은 결국 서정의 근원을 탐색해 나가는 시인의 시적 구도이다. 기본적으로 소리에 대한 그의 천착은 현실 세계에 집중된 주의력을 쏟는 것 그 이상의 의미를 양산한다. 그것은 사물들 자체에 귀 기울이려는 시인의 내적 사유 속에 끼어드는 어떤 완고한 '믿음들'이 작용하는 변증의 과정이나 다름없다.

　권달웅 시인은 자연의 소리와 이미지를 내면화하고 변증하는 과정을 통해 자신의 기억 속에 조우하는 다양한 사물의 소리를 포섭하거나 혹은 되려 포섭당하면서, 결국 그 속에 담긴 내부(interiors)의 음성을 자신의 목소리로 받아 적는다. 그 내부의 음성은 '비가시적인 것'을 시각적으로 보이게끔 만드는 청각 이미지의 고유한 힘을 받아들이면서, 종국적으로 시인이 추구하는 소리의 시적 구도를 향하게 만든다. 그런 점에서 권달웅 시인의 이번 시집에서 우리가 한 번 더 눈여겨봐야 할 것은 그가 노래하는 소리 풍경의 발원이 단순히 자연의 소리에만 국한되지 않는다는 데 있다. 그는 다양한 소리의 발원지를 통해 인간 내면의 실존적 자의식에도 귀를 기울여야 함을 강조한다. 이러한 특징은 이번 시집의 매우 중요한 요소로 작용한다. 시인이 포착해낸 소리 풍경이 단순한 청각 이미지의 심상 묘사에 그치는 것이 아니라, 삶의 질곡에서 자신을 해방하는 변증의 역할을 도맡아주기 때문이다.

　　파도가 밀려오고 들어갈 때마다

　　거제 학동 해변 몽돌에는

　　독경 소리가 난다

돌 속에는 사나운 파도에

곤두박질치고 뒹굴어온 길이

반질반질하게 나 있다

동글동글한 몽돌 속에는

울퉁불퉁한 것이 매끄럽게

닳고 닳기까지

온갖 고난과 역경에 부딪친

태고 음향이 들어 있다

거칠고 단단한 돌에

길이 생겨나고

오묘한 무늬와 빛깔이 나고

어떻게 달이 되고

날아가는 학이 되는가

거제 학동 해변

파도에 구르는 몽돌이

독경하는 스님처럼 자르르 외는

자신의 소리를 듣는다

—「학동 몽돌」 전문

자연 사물의 풍경과 시인의 내면이 하나의 시적 이미지로 변증되기 위해서는 자연과 내가 동일한 주체로서 그 기능을 다 할 때 가능하다. 권달웅 시인에게 소리를 듣고 보는 행위는 일종의 시적 관음(觀音)과도 같을 진데, 이러한 관음의 시선은 단순히 소리를 듣는 행위로만 머무르지 않는다. 달리 말해 소리 풍경에 깃든 "자신의 소리"를 들으면서 자기 탐구의 관조를 이어가는 것이다. 따라서 시인이 '학동 몽돌'의 소리를 보고 듣는 행위는 의미 그대로 시적 구도의 한 관음일 텐데, 이는 단순히 몽돌에서 '독경 소리'를 읽거나 '태고 음향'을 듣는 행위로만 국한되지 않는다. 단순히 자연의 사물인 몽돌에서 소리만을 듣는 것이 아니라, "독경하는 스님처럼 자르르 외는/ 자신의 소리"를 필경 보고 듣는 행위로 이어진다.

　　이는 때로 "흙을 파려고 삽을 밟으면//삽, 소리가 나는"(「삽」) 내면의 소리를 기억하는 방식과도 동일하다. 이 과정에서 시인은 "모든 살아있는 것들의" 종착지를 어떤 시적 여정의 방식으로 무화해 나간다. 이때 시인은 자신의 삶에 "아무것도 해준 것이 없어/미안하다, 미안하다./잘 가거라"(「박주가리 박토」)며 독경처럼 자신의 내면을 긍휼하게 여기기도 하지만, 이미 자연이 건네는 생의 변증은 "먼 산을 남겨두고/그저 바라보아야만"(「먼 산을 남겨두고」) 하는 또 다른 사무침의 일종이다. 그 시적 경지는 결국 "입으로 고운 실을 뽑아내어/자신이 들어가 살/작은 비단 집을 짓는"(「누에의 꿈」) 시적 사유와 상통한다.

그렇다면 시인이 이러한 시적 관조와 변증을 통해 무화하고
싶었던 생의 내면은 과연 어떤 것일까.

> 아득히 먼 산등성이에
> 낮달이 걸렸다
>
> 벗어놓은 지게에
> 낫이 꽂혔다
>
> 희미한 낮달도 닳은 낫도
> 등이 휘어졌다
>
> 푸른 산등성이도 아버지도
> 등이 휘어졌다
>
> 낫은 창백하고
> 낮달은 애달프다
>
> 아버지는 고달프고
> 산등성이는 가파르다
>
> 모두 등이 휘어지도록

무거운 짐을 졌다

가도 가도 멀고 험준한

생의 비탈길

　　　　—「휘어진 낮달과 낫과 푸른 산등성이」 전문

　그것은 아마도 "가도 가도 멀고 험준한/생의 비탈길"에서 시인의 내면을 붙들고 놓아주지 않는 기억의 회환과도 같다. 권달웅 시인에게 기억 속의 가족은 "캄캄한 막장에서 새까맣게 석탄가루를 뒤집어쓰고 눈만 하얗게 드러낸"(「향학」) 이미지로 각인되거나, "아들이 출가한 그날부터/앓아누우신"(「상사화처럼」) 모습으로 기억된다. 특히 아버지라는 존재는 시인에게 소리 풍경의 중심추로 작용하는데, 이는 세상을 떠난 뒤에도 "빈집에 몰려가는 바람 소리"(「배웅」)로 기억될 정도로 고달프고 가파른 존재로 남는다. 이 과정에서 우리는 권달웅 시인이 자기 스스로를 '아무에게도 기쁨과 위안과 도움 그리고 희망을 주지 못하는 존재'(「반성」)로 인식하고 있음을 짐작한다. 이 반성은 자신을 오롯이 비워냄으로써 경험할 수 있는, 마치 "허공이 보이는 것은/그리움이 깊어졌기 때문"(「사무치는 이유」)이라고 스스로를 위로하고 나선다.

　이제 권달웅 시인에게 소리 풍경에 대한 기억과 변증은 단순히 시인 내면을 살피는 시적 여정의 한 과정이 아니다. 자연

속에서 자신의 삶을 무화하고 싶은 시인의 또 다른 시적 욕망과 직결된다. 그래서 시인은 쉴 새 없이 자연의 소리들과 다시 소통하길 원한다. 남들에게는 쉽게 들리지 않는 자연의 소리와 자신의 내면을 연결 지으면서, 마치 "쉴 새 없이 날갯짓을 해/공중에 정지한 채/동백꽃 꿀"(「헬레나벌새처럼」)을 따는 헬레나벌새가 되기도 하고, "짓밟히면 짓밟힐수록 더욱 시퍼렇게 살아나는 오월의 푸른 힘"(「청보리의 힘」)으로 재생되기도 한다. 나아가 "하루를 백년처럼/사는 하루살이"(「하루살이」)의 삶을 자신의 심연에 투영함으로써, "아무런 희망 없이/내일 또 내일이 되풀이되어도/오늘을 열심히 살았다면/그냥 흡족할"(「내일 또 내일」) 줄 아는 현해(懸解)의 경지를 재확인한다.

4. 터질 듯 투명한 서정의 울림

알랭 바디우는 "시란 소통을 거부하기 위해 쓰인다"고 말한 바 있다. 참된 시는 소통으로 대표되는 '의견'을 거부하며, 안전하게 교환되는 그 의견의 맥을 끊어내는 것에서부터 시작된다고 강조한다. 권달웅 시인은 그 의미의 반대편에 서서 더 간결하고 분명한 언어로 자연과 나를 잇고, 소리와 의미를 이으며, 시를 쓰는 시인과 시를 읽는 독자의 관념을 "둥글게 퍼져나가는 물결"(「은파」)로 동일화시킨다. 불확실하고도 불투명한 관념으로 점철되는 시가 아니라, 도리어 가장 간단하고 명쾌한 방식으로 사물의 속성과 그 의미가 드러나길 희망한다.

　그런 관점에서 본다면 이번 시집에 나타나는 '직유'에 관한 적극적인 활용은 일견 납득이 간다. 권달웅 시인에게 직유는 마치 "신의 손길 같은/크고 부드러운 손으로/연필을 잡고"(「연필로 쓴 시」) 시를 보듬어내는 '시인의 가슴'으로 표상되기 때문이다. 나아가 "흙 한 줌 움켜쥐고", "무수한 벌레들을 키워내는 부드러운 마음"(「흙 한 줌」)으로 귀결된다. 그 온전하고 부드러운 삶은 내면의 질곡을 건너는 부드러운 산등성이가 되어, "아득한 산등성이 너머"(「먼 산을 남겨두고」)의 한 편의 시로 재탄생하게 된다.

　이에 덧붙여 그는 자연과 사물 전체를 하나의 용사(用事)로 인식하기를 주저하지 않는다. 용사는 한시(漢詩)에서 주로 쓰이는 시작법 중 하나다. 인용고사(引用古事)라고도 불리는 이 작법은 현대시에서는 일종의 패스티시(pastiche)로 이해하지만, 전통 서정시의 깊이를 좀 아는 사람이라면, 이 용사의 쓰임이 시 창작에 있어 얼마나 요긴한 역할을 하는지 잘 알고 있다. 고전의 문구나 한 글자가 시인의 시적 사유와 경험에 투사됨으로써 새로운 의미를 파생하기 때문이다. 그게 바로 권달웅 시인이 이 시집에서 바라는 소리에 대한 용사의 쓰임

이며, 그의 간결한 시편이 지니는 고즈넉하고 묘한 시의 맛이기도 하다. 이를 대변할 수 있는 시 한 편을 마지막으로 살펴보자.

> 치과에 가서 이를 뽑았다. 의사는 지난날 내 과거를 다 들여다보려는 듯 벌레 먹은 이를 건드리면서 '아, 하세요. 아, 하세요.'를 되풀이했다. 아픈 이를 뽑고 돌아서는 내 등 뒤에서 의사가 말했다. '강한 것이 먼저 망가지지요. 부드러운 혀보다 단단한 이가 제일 먼저 망가지지요.' 노자의 말이 귀에 쏙 들어왔다.
>
> ─「치과에 가서」 전문

시인은 치과에서 노자의 말씀 한 구절을 떠올린다. 그 시적 사유의 흐름을 되짚어보면, 시인은 이 시집 전반에 걸쳐 자연의 소리와 소리 풍경을 노자의 '무위자연' 사상에 빗대어 인용 고사한 셈이다. 더하거나 빼지 않고 자연 그대로의 상태를 통해, 가장 부드러운 삶의 자세를 인용하고 견지한다. 그는 노자의 『도덕경』 제36장 '유약승강강'(柔弱勝剛强)의 한 구절을 빌어, "부드럽고 약한 것이 딱딱하고 강한 것을 이긴다"는 것을 이 시집 전체의 핵심 주제로 다시 되새긴다. 나아가 부드럽고 강한 '곡즉전'(曲則全)의 삶이 결국은 이 시집을 읽는 독자의 삶에까지 전이되기를 요청한다.

이렇듯 '굽으면 온전해지는 것'이 어디 노자가 말한 삶뿐일까. 돌이켜보면 우리의 삶 또한 시인의 삶과 별반 다름없이 『휘어진 낮달과 낫과 푸른 산등성이』에 담긴 다양한 소리 풍경의 심상에 등가 된다. 자연 그대로의 본위를 통해, 그것이 전하는 소리를 통해, 그 소리가 전하는 부드러움을 통해 온전히 굽어가는 곡즉전의 삶을 요구한다. 얼핏 식상해 보일 수도 있는 이 시의 매듭이 도리어 우리 시단의 일침이 되는 것은, 어쩌면 그동안 "터질 듯 투명해진"(「누에의 꿈」) 서정의 시편이 무척 그리웠기 때문인지도 모른다. 만약 권달웅 시인의 이번 시집을 통해 다시 한 번 한국 시단의 간결한 언어와 투명한 서정의 극점을 재확인하게 된다면, 그것은 "철학자(시인)에게 검소함은 도덕적 수단이 아니라 시 그 자체의 '결과'"(들뢰즈)임을 알게 될 것이다. 권달웅 시인의 이번 시집이 우리에게 전하는 가장 순수한 서정의 인용고사이자, 시의 울림이기도 하다.

시인동네 시인선 143

휘어진 낮달과 낫과 푸른 산등성이

ⓒ 권달웅

초판 1쇄 발행   2021년 1월 18일
초판 2쇄 발행   2021년 6월 10일
지은이   권달웅
펴낸이   김석봉
디자인   헤이존
펴낸곳   문학의전당
출판등록   제448-251002012000043호
주소   충북 단양군 적성면 도곡파랑로 178
전화   043-421-1977
전자우편   sbpoem@naver.com

ISBN   979-11-5896-501-3 03810